LE SIÉGE

ET

LE BOMBARDEMENT

DE

STRASBOURG.

LE SIÉGE
ET LE
BOMBARDEMENT
DE
STRASBOURG

—•◆•—

CONFÉRENCE FAITE A CASTRES ET A MONTAUBAN
LE 15 ET LE 22 OCTOBRE 1870

PAR

GEORGES GUIBAL

PROFESSEUR A LA FACULTÉ DES LETTRES DE STRASBOURG

——oo)o(oo——

TOULOUSE,
IMPRIMERIE A. CHAUVIN ET FILS,
3, RUE MIREPOIX, 3.
—
1870

Mesdames et Messieurs,

Retenu, pendant les deux derniers mois, par mes devoirs de citoyen et de professeur dans la noble et malheureuse ville de Strasbourg, je viens, pendant quelques instants, vous entretenir de ce siége qui restera un des grands événements de cette terrible guerre. Je ne veux en raconter ni les incidents extérieurs, ni les épisodes militaires. Vous les connaissez d'une manière plus ou moins exacte; je pourrais bien peut-être rectifier plus d'une assertion plus ou moins fantaisiste de la presse et faire évanouir devant des faits précis plus d'une légende; mais j'aime mieux laisser à l'histoire, dont le jour n'est pas encore venu, le soin de redresser la chronique contemporaine, et je me contenterai de vous initier de mon mieux à la vie intime de Strasbourg pendant ces jours, ces semaines, j'allais dire ces mois de douleur. Il m'est doux de parler de ma patrie d'adoption à ma patrie de naissance; il m'est doux de rappeler à mes compatriotes tout ce que les habitants de cette chère capitale de la vaillante Alsace ont déployé de courage, de résignation, de constance et d'abnégation; il m'est doux de vous dire combien ils sont Français de cœur et d'âme; il m'est doux de rendre ici un témoignage public de leurs efforts pour conserver à la France une ville qui a compté au nombre de ses hôtes ou de ses enfants les héros des deux plus fécondes révolutions des temps modernes : Gutenberg et Kléber !

Le 15 juillet, la douloureuse nouvelle que la guerre est déclarée vient nous surprendre au milieu de nos paisibles occupations. Aussitôt l'aspect de la ville change; à la tombée de la nuit, les portes se ferment, les ponts-levis se lèvent et sur le rempart retentit, de moment en moment, le cri de la sentinelle. Cette nouvelle, ces apprêts, ces cris excitent dans les esprits plus d'une pensée pénible, plus d'un pressentiment que l'on écarte comme un crime de lèse-patrie et qui revient obstinément. A Strasbourg, on ne se fait pas les illusions qui se mêlent à la confiance patriotique des Parisiens; on n'ignore pas toute la bravoure de notre armée; on ne peut pas s'imaginer que le succès la trahisse; mais on connaît l'Allemagne, ses rancunes invétérées, ses haines héréditaires; l'on pressent bien que les Etats du sud et les pays nouvellement annexés ne sépareront pas leur cause de celle de la Prusse, et l'on frémit à la pensée de tout le sang que va faire répandre une guerre acharnée et implacable.

Cependant peu à peu l'anxiété que ces réflexions laissent dans les esprits est dissipée ou distraite. La guerre nous montre d'abord son côté vivant, pittoresque, joyeux même, si j'ose prononcer ce mot qui aujourd'hui ressemble presque à un blasphème. Une étrange animation remplit les rues ; les musiques militaires jouent le choral de la Révolution que la foule entière entonne avec plus d'enthousiasme que de justesse. On dirait une évocation des glorieux moments de 92. — Sur les glacis campent des troupes de toutes armes ; ici, ce sont nos chasseurs et nos hussards dont les fringants chevaux arabes me rappellent le Midi et excitent l'étonnement et l'admiration des Alsaciens ; là ce sont les zouaves à la figure basanée; plus loin ce sont les turcos qui nous présentent toute la variété des types africains : arabes, kabyles, nègres du Soudan, et dont les officiers font songer aux mâles figures des héros du seizième siècle. Véritables types à la d'Aubigné, eux aussi sont *apprivoisés à la mort;* ils ne la craignent pas, ils ne craignent pas plus la défaite. Notre armée, qui marche au combat comme à une fête, semble d'avance célébrer bruyamment la victoire qu'elle aura tout le temps d'aller chercher de l'autre côté de la frontière ! Jusqu'à une heure avancée de la soirée, les cafés du Broglie, la principale promenade de Strasbourg, ne désemplissent pas ; les curieux se pressent autour de ces tables devant lesquelles sont assis, revêtus de leurs uniformes, des chefs et des officiers de tout rang.

Quel contraste entre ces journées et ces nuits et celles

qui vont suivre! Pendant que la France se livre aux bruyants éclats de son humeur guerrière, la Prusse ou plutôt l'Allemagne a massé en silence ses gros bataillons ; elle franchit la frontière. Le 4 août, la division Douay est écrasée à Wissembourg ; le soir même, à Strasbourg, une vague inquiétude s'empare des esprits ; on s'interroge mutuellement, on se porte à la gare ; le lendemain seulement on a des nouvelles positives. L'héroïsme déployé par nos troupes console de ce premier échec essuyé par nos armes ; on ne doute pas qu'il ne soit bientôt réparé. Le 6, dans la journée, on apprend qu'une bataille furieuse est engagée au nord de Strasbourg, au delà de Haguenau, dans les environs de Werth et de Fröschwiller. C'est à Werth qu'en 1793, Hoche, avec l'armée de la Moselle, déboucha sur le flanc des Autrichiens de Beaulieu, attaqués de front par Pichegru et l'armée du Rhin. On relit, la carte sous les yeux, le récit de ces belles manœuvres ; on n'hésite pas à penser que le général de Failly et le maréchal de Mac-Mahon ne les répètent en ce moment même ; on espère que le même succès les couronnera et l'on attend, avec confiance, la réalisation de cet espoir.

Tout à coup, à 7 heures du soir, des sons lugubres se font entendre : c'est la *générale*. Je vivrais des siècles que je n'oublierais pas ce moment ; on aurait dit que la mort elle-même soufflait aux bouches des clairons ; la population s'agitait, courait haletante, effarée ; des groupes pâles se jetaient, en passant, la douloureuse nouvelle que l'on venait de recevoir ; l'on demandait des armes et l'on craignait qu'il ne fût déjà trop tard pour en faire usage. C'était une véritable panique.

Le lendemain, à la panique succédait une profonde douleur patriotique : le défilé de la déroute commençait et continuait pendant une grande partie de la journée. J'ai bien souvent, dans le cours de mon enseignement historique, prononcé le mot de défaite; mais je n'ai compris tout le sens amer et poignant de ce mot que le jour où j'ai vu passer sous mes yeux ces troupes confuses de fantassins à cheval, de cavaliers à pied, de soldats blessés se traînant avec peine ou portés sur des brancards, d'hommes exténués par la fatigue et par la faim et suivis par de longues files de chariots de paysans qui fuyaient devant l'invasion avec leurs bestiaux, leurs meubles, leur famille.

Ce spectacle laissait au fond de tous les cœurs une profonde impression de tristesse. La tristesse s'accrut encore, lorsque, trois ou quatre jours plus tard, la place fut investie. Le 10, au matin, partit de Strasbourg le dernier train; dès lors nous fûmes isolés; plus de nouvelles de notre pays, plus de nouvelles de nos familles. On aurait dit qu'on était enfermé vivant dans une tombe et qu'on sentait sceller sur sa tête la pierre du tombeau.

La semaine qui suivit Fröschwiller nous parut bien longue. C'est, à coup sûr, celle où il y a eu dans les âmes le plus d'abattement, peut-être même le plus de défaillance. Les premiers coups de canon tirés de la place le samedi soir, 13 août, nous ranimèrent. « Le son du canon est tonique, » me disait un de mes collègues à la Faculté des lettres, et il avait raison.

Les cœurs se retrempaient et s'affermissaient pour les longues et terribles épreuves qui nous attendaient. Le bombardement de la ville fut précédé par un double prologue. Pendant la nuit du 15-16 août, des sifflements sinistres, inouïs traversaient les airs au-dessus de nos têtes : c'étaient les premiers obus qui tombaient dans la ville et venaient frapper les premières victimes, quelques-unes même dans leur lit. Ce n'était là qu'un essai fait par la barbarie prussienne de la patience des Strasbourgeois. Les Strasbourgeois étaient indignés; mais ils n'étaient pas effrayés; ils ne le furent pas davantage après la soirée du 17 et la matinée du 18; cependant le bombardement avait été déjà plus sérieux : on se racontait, avec des sentiments mêlés de pitié et d'horreur, que plusieurs jeunes filles, des enfants, avaient été atteintes dans une même chambre par un obus : les unes étaient mortes, les autres avaient reçu des blessures qui avaient nécessité de cruelles amputations.

Entre ces deux prologues et le drame lui-même s'écoulèrent plusieurs jours et plusieurs nuits, dont le calme avait à la fois quelque chose de solennel et d'alarmant. Le 23, on apprend des nouvelles encore vagues de combats heureux livrés dans l'intérieur de la France; aussitôt la foule emplit les rues et les promenades; on se presse autour des bureaux de l'*Impartial du Rhin*, alors le journal officiel de Strasbourg; on s'arrache les premiers exemplaires qui paraissent. Je suis assez heureux pour m'en procurer un ; mais je ne veux pas jouir, en égoïste, de ma conquête, et je donne publiquement, à un groupe nombreux, lecture de dépêches dont le texte confus ne satisfait qu'à moitié une critique historique même indulgente. On voudrait se réjouir ; on éprouve le besoin d'espérer ; mais des pressentiments inquiets se mêlent à ce commencement ou plutôt à cette impatience fiévreuse d'allégresse.

Ces pressentiments ne devaient pas être trompés. La nuit tombait à peine que des sifflements de mort, déjà trop familiers à notre oreille, se firent entendre. C'était le commencement du véritable bombardement qui devait, sauf quelques heure de répit, se prolonger jusqu'au jour éternellement douloureux de la reddition. Imaginez-vous un ouragan, un orage furieux et continu de trente-six jours et de trente-six nuits avec des coups de tonnerre se succédant sans relâche et tombant plusieurs fois par minute ; vous aurez à peine une idée de ce feu incessant qui n'aurait laissé de repos ni le jour, ni la nuit, si la lassitude n'eût fini par produire une sorte d'engourdissement épais et lourd plutôt qu'un véritable sommeil. On m'a parlé de personnes qui étaient devenues folles, d'autres sont mortes de terreur. On a évalué à plus de 400,000 le nombre de projectiles tombés sur les remparts ou sur la ville pendant le bombardement. Deux ponts sur le Rhin permettaient d'amener aux assiégeants les munitions dont ils avaient besoin et de renouveler sans cesse leurs provisions d'obus coniques à percussion ou à mèche, d'obus à balles, contenant plus de deux cents balles, de boîtes à mitraille, de fusées incendiaires.

L'ennemi, qui connaissait Strasbourg comme les Strasbourgeois eux-mêmes, lançait d'abord, sur les édifices et les quartiers qu'il voulait brûler, des fusées incendiaires; puis l'incendie allumé devenait une cible autour de laquelle pleuvaient les obus à balles, les boîtes à mitraille, sans parler des autres projectiles, comme des grilles et des fragments de croix arrachés au cimetière. L'on ne pouvait, sans les plus grands dangers, combattre le feu. Quelquefois même, malgré leur devouement héroïque, nos pompiers étaient obligés de lui laisser le champ libre.

C'est la nuit surtout que le bombardement exerçait ses ravages. La plus terrible, la plus funeste à Strasbourg fut la nuit du 24 août, la nuit de la Saint-Barthélemy; étrange coïncidence, fatal anniversaire! Le Temple-Neuf, la vieille église des dominicains, est en cendres. Strasbourg possédait une bibliothèque unique par ses richesses, par ses manuscrits, par le caractère international, franco-germanique de ses collections, par la libéralité avec laquelle elle mettait ses trésors à la disposition des travailleurs français et étrangers. En quelques heures, elle est détruite; on ne peut sauver ni un livre, ni un manuscrit, et c'est la mort dans l'âme que l'on passe, le lendemain, devant ces déplorables ruines, en sondant la profondeur de la blessure faite à Strasbourg. Un coup presque mortel est porté à la vie intellectuelle de cette ville, qui représentait tout un côté original et distinct de la science française.

Messieurs, j'insiste sur cette destruction sauvage ; homme d'étude et professeur, c'est celle qui m'a le plus douloureusement ému ; c'est la seule qui restera irréparable : malgré ses mutilations, malgré l'incendie de toutes les pièces de sa charpente, malgré l'effondrement de sa toiture de zinc, la vieille cathédrale, le *Münster*, comme on l'appelle à Strasbourg, est encore debout dans son antique majesté ; et l'on voudrait presque laisser subsister, au front de cet édifice, ses cicatrices, ses balafres, comme autant de reproches à ces assiégeants allemands qui n'ont pas su même être allemands et respecter ce vieux monument de l'art germanique, ce chef-d'œuvre sacré de l'immortel Erwin de Steinbach.

Je ne veux pas répéter ce que les journaux vous ont dit, ou vous dire d'avance ce qu'ils ne tarderont pas à vous apprendre. Vous savez déjà ou vous saurez bientôt que des quartiers entiers, trois grands faubourgs, ont été anéantis, au point que les habitants ne trouvaient plus même l'emplacement de leurs maisons ; que le théâtre a été incendié, que de l'hôtel de la préfecture il ne reste plus que des débris, et que dans bien des rues l'œil s'arrête sur des ruines. — On vous a aussi parlé de l'attitude que les Strasbourgeois ont gardée au milieu de ces ruines qui s'amoncelaient ; vous les avez admirés, et ils méritaient votre admiration : je voudrais, dans cet entretien, leur assurer vos respectueuses sympathies.

Le courage que demandent les dangers d'un siége n'est pas celui qui rend la victoire facile sur un champ de bataille. Ici point d'excitation, point de fièvre, point de furia; la mort plane et tonne presque sans cesse au-dessus de vos têtes. Autour de vous, tout en retrace l'image : voyez ces civières sur lesquelles passent des blessés qui ne guériront probablement pas; quelquefois c'est un père dans la force de l'âge : bien souvent, ce sont des femmes; plus souvent encore, des enfants. Des cercueils que n'accompagnent ni parents ni amis s'acheminent lentement à la file vers la fosse commune. On salue et l'on passe, non pas indifférent, mais résigné. — Tout ce qui fait la vie d'une ville a disparu. Les magasins et un grand nombre de maisons sont fermés; l'on n'entend pas d'autre roulement de voiture que celui des fourgons d'artillerie qui transportent les munitions au rempart ou des petites charrettes à deux roues marquées de la croix rouge de l'Internationale, qui amènent les blessés aux ambulances. Dans la nuit, des lanternes fumeuses, suspendues aux portes des maisons, répandent seules une clarté douteuse et triste. Pas le moindre tintement de cloche; les horloges ne sonnent même plus les heures. On se croirait au moyen âge et dans une ville frappée d'interdit.

Les physionomies que l'on rencontre dans les rues expriment les souffrances et les fatigues; les visages portent les traces des préoccupations et des insomnies; les yeux battus, tout grands ouverts, donnent au regard je ne sais quoi de maladif et de fiévreux ; on s'aborde, en s'adressant ces quelques mots qui en disent beaucoup : « Quoi ! vous êtes encore de ce monde. » L'on souffre, mais on se résigne, on supporte. Pas de plaintes, pas de lamentations. J'ai vu des parents accompagner leurs proches blessés ; leur tristesse contenue était belle d'énergie : un père, un ouvrier passait un jour portant sur ses bras son enfant, une petite fille qu'un éclat d'obus venait de blesser. Le sang de l'enfant s'échappait goutte à goutte et la douleur lui arrachait des cris déchirants : le père marchait silencieux et morne; mais deux grosses larmes coulaient le long de ses joues.—Un brave officier qui avait été témoin de cette scène me la racontait, bien des jours après, avec une émotion qui me gagnait à mon tour.

« Votre héroïsme est la patience, » disait le général *Uhrich* aux habitants de la ville. C'était plus que de la patience, plus qu'une résignation passive; c'était je ne sais quel dédain sans forfanterie de la mort; on aurait tort de se représenter la population ensevelie dans les caves. La nuit, sans doute, des familles entières y cherchaient un refuge : on y couchait, on y campait, les plus délicats sur un matelas, les autres sur la paille; mais, dans le jour, on sortait, on circulait; quelques quartiers de la ville prenaient même un aspect assez animé, surtout lorsque le temps était beau et que le soleil brillait. Des femmes, des jeunes filles ne craignaient pas d'affronter les obus.

La nuit venue, les hommes des différents quartiers, réunis en associations de pompiers volontaires, faisaient, à tour de rôle, un brassard rouge et blanc au bras, des rondes de sûreté. Le plus grand danger était l'incendie. Il fallait s'assurer que l'on veillait dans les différentes maisons ; il fallait tenir en haleine la vigilance des gardes de nuit qui étaient postés sur différents points du quartier et devaient, par un cri d'alarme répété de proche en proche, réclamer les secours et les pompes du poste pour la maison atteinte.

Ces rondes se croisaient dans les rues avec les patrouilles de la garde nationale, qui avait été organisée et armée à la hâte ; elle attendait le moment d'être appelée sur les remparts et de seconder la garde mobile qui faisait, au milieu des plus rudes épreuves, son éducation militaire. Nos jeunes mobiles strasbourgeois, leurs lieutenants improvisés, dont quelques-uns, la veille encore, s'asseyaient aux pieds de nos chaires ou se présentaient devant nous au baccalauréat, étaient à peine équipés que l'ennemi était déjà sous les portes. Braves, fermes, ils suppléaient à l'instruction par un dévouement patriotique qui a coûté la vie à plus d'un de ces jeunes officiers. Strasbourg, qui les avait élevés, et qu'ils ont défendu de leur sang, n'oubliera pas leur nom ; leur exemple soutenait leurs soldats dont l'attitude au feu arrachait des éloges aux troupes de ligne elles-mêmes.

Ces troupes étaient trop peu nombreuses ; un seul régiment d'infanterie complet, le 87e, un bataillon du 21e, un régiment de marche composé des débris de Wissembourg et de Fröschwiller, quelques escadrons de pontonniers, quelques dépôts d'artillerie et d'infanterie formaient seuls une garnison vaillante, mais sans homogénéité. Elle a noblement mérité de la patrie. Sans se laisser abattre par les rudes fatigues et les dangers incessants d'une guerre sans éclat et sans gloire, elle s'inspirait de l'esprit héroïque de ce turco qui disait dans une ambulance : « Moi souffrir, parce que France est vaincue; autrement pas souffrir. » Ce langage était peut-être peu français; mais le sentiment l'était bien. La sympathie publique suivait sur les remparts tous ces braves défenseurs de la cité; mais les marins qui étaient venus à Strasbourg pour monter la flottille des canonnières du Rhin étaient les objets presque légendaires d'une admiration générale.

Plus d'une fois ils se sont trouvés dans les mêmes ouvrages avancés avec les francs-tireurs. Des jeunes gens, presque des enfants, des étudiants avaient mis au service de la défense leur courage et leur habileté à manier le fusil. Ils se glissaient au delà des avant-postes et causaient à l'ennemi un mal et des inquiétudes graves. Le midi de la France a eu l'honneur de compter des représentants dans ce petit corps d'élite; l'un d'eux, presque un enfant de notre pays, un Toulousain, s'y faisait aimer par ses qualités touchantes et remarquer par sa valeur. Un jour, dans une sortie, il passe auprès d'une plate-bande de fleurs qui semblait une image de la paix égarée au milieu des horreurs de la guerre. Il s'arrête : « Le commandant, » dit-il, « aime beaucoup les fleurs ; je veux lui en cueillir. » A peine a-t-il prononcé ces mots qu'un obus vient lui fracasser la jambe. Peu de temps après, il expirait dans les bras de ce commandant qui m'a raconté lui-même les derniers moments de son *enfant :* c'est le nom que le chef des francs-tireurs se plaisait à leur donner; il avait été le maître de la plupart d'entre eux : en face du danger et de la mort, il se sentait leur père. Il les avait initiés à la science ; il leur donnait maintenant de mâles et paternelles leçons de patriotisme, de courage et de dévouement ; il y avait dans sa parole quelque chose qui retrempait et ranimait. Sa maturité, qui commandait le respect, avait tout le feu communicatif d'une jeunesse enthousiaste ; âme généreuse et désintéressée, il avait, dès les premiers jours du siége, laissé ses travaux scientifiques pour voler aux postes les plus périlleux, préoccupé seulement de sa patrie, attentif à son seul devoir et peu soucieux de la gloire qui allait associer le nom de Liès-Bodard, professeur de la Faculté des sciences, aux noms des principaux défenseurs de Strasbourg : noms désormais illustres que la France entière répète aujourd'hui avec reconnaissance, respect et admiration. Saluons, nous aussi, en passant, d'un hommage respectueux et mérité, ces hommes au cœur de héros : le général Uhrich, le commandant Du Petit-Thouars, le contre-amiral Exelmans, l'intrépide général d'artillerie Barral, arrivé dans la place, à travers les lignes prussiennes, sous le déguisement d'un marchand de bestiaux, sans oublier un ouvrier de la dernière heure qui n'a pas moins bien rempli sa tâche, le préfet républicain du Bas-Rhin, M. Valentin, qui a mis à venir partager nos dangers une remarquable énergie. C'est à la nage, sous les balles de l'ennemi et des Français, qu'il a atteint les remparts de Strasbourg.

Il est triste de penser que tant de dévouements, obscurs ou éclatants, tous également méritoires, n'ont pas eu la récompense qui leur eût été la plus chère : le salut et la délivrance de la place. — Un secours du dehors était indispensable, et le malheur des temps n'a pas permis que ce secours arrivât. Que de fois on nous l'a annoncé ! Que de fois nos cœurs se sont ouverts à l'espérance, pour retomber ensuite dans la plus amère des déceptions ! Un jour c'était la division Dumont qui s'approchait. Un autre jour, c'était Mac-Mahon qui débouchait des défilés des Vosges avec une armée reformée; il était à Schlestadt; le lendemain même, il arriverait à Strasbourg. Des soldats, de garde sur les remparts, affirmaient avoir distingué dans le lointain, le bruit de la canonnade. Quelques-uns même s'imaginaient entendre déjà le pas de charge. On croit si facilement ce que l'on espère !

Déjà les optimistes les plus intrépides étaient les seuls à conserver de l'espoir, lorsque, le 11 septembre, des informations d'abord vagues, mais bientôt fatalement précisées et confirmées, nous apprirent le désastre de Sédan. Le patriotisme refusait d'y croire; l'honneur militaire repoussait ces nouvelles comme autant de fictions insolentes inventées par des agents ou des espions prussiens. Il fallut enfin se rendre à la douloureuse évidence. On comprit qu'il n'y avait plus qu'à compter sur soi-même et à se défendre jusqu'au bout. Indignement sacrifiée à des intérêts dynastiques, lâchement trahie sur le champ de bataille, humiliée, privée de 80,000 vaillants soldats par une capitulation qui restera un des plus funestes souvenirs de son histoire, la France reprenait enfin possession d'elle-même; elle avait à sortir, par un énergique effort, de l'abîme où dix-huit ans de pouvoir personnel l'avaient précipitée. Strasbourg sentit que de nouveaux devoirs lui étaient imposés pour sa part; il salua la République, non par de vaines et bruyantes acclamations, mais par la résolution de souffrir avec plus d'énergie et de constance. Toute manifestation joyeuse eût été une dissonance, plus qu'un manque de tact, une véritable erreur de patriotisme. Les spectacles dont on était témoin vous rappelaient sans cesse aux tristesses de la situation. Au moment où la République venait d'être proclamée, une foule assez compacte se pressait aux abords de l'hôtel de ville improvisé qui avait servi de refuge à l'administration municipale; déjà quelques chants patriotiques se faisaient entendre; quelques drapeaux étaient arborés aux fenêtres. Tout d'un coup les rangs de la foule s'écartent et livrent passage à une civière sur laquelle est étendue une jeune femme mourante. Je ne sais pourquoi ce spectacle, que j'avais vu déjà bien des fois et que je devais revoir plus d'une fois encore, m'a laissé, particulièrement ce jour-là, une si profonde impression. Il me semblait que j'avais sous les yeux l'image de la France elle-même!

La meilleure et la plus précieuse consolation nous est, pendant ces jours de deuil, venue de la Suisse. Au milieu des atrocités de la guerre, rien ne fait autant de bien que la pensée d'une conduite inspirée par l'humanité, le dévouement, la charité chrétienne. Libre et républicaine, la Suisse est heureuse et a montré qu'elle est digne de l'être. Elle a protesté contre ce non-sens machiavélique qui semble dispenser les peuples de la reconnaissance; elle s'est rappelée qu'à je ne sais plus quelle époque du moyen âge, Strasbourg avait secouru Bâle, désolée par un tremblement de terre. Elle a appris que les Strasbourgeois avaient inutilement sollicité du général ennemi de *Werder* la permission de faire sortir de la place les femmes et les enfants; elle a connu la réponse de ce farouche bavarois qui avait répliqué que ces enfants et ces femmes étaient précisément sa force et compté sur leur terreur, leurs cris, leurs souffrances, leur meurtre même pour briser la résistance. Elle n'a pas ignoré la démarche courageuse, mais inutile, du vénérable évêque de Strasbourg, qui, seul et au péril de ses jours, s'était rendu au quartier général de l'ennemi et s'était efforcé de faire entendre, au nom de la charité chrétienne, le langage de l'humanité à ces barbares assiégeants. L'insuccès de tous ces efforts auprès du général de Werder n'a pas découragé les Suisses; le 11 septembre, leurs délégués arrivaient à Strasbourg; calmes, impassibles sous les obus que ne cessaient d'échanger les batteries de l'ennemi et celles de la place, ils étaient reçus, à l'*avancée* de la porte Nationale, par M. le maire Humann, suivi de toute la Commission municipale, et accueillis dans la ville entière avec un enthousiasme dans lequel se perdaient je ne sais quels soupçons aveugles et ineptes.

Quelques jours plus tard, et à plusieurs reprises, sortaient, de la porte d'Austerlitz, sous la conduite d'un parlementaire, de tristes émigrations. A pied, en charrette, en voiture, partaient des femmes, des enfants, des vieillards, dont la figure fatiguée et les yeux rouges de larmes trahissaient les souffrances endurées et révélaient les douleurs d'une séparation peut-être suprême. La Suisse les accueillait, les consolait avec toute la sollicitude prévenante d'une famille amie. Tous ces réfugiés s'accordent à louer l'hospitalité de ce noble pays. J'aime à être ici publiquement leur interprète. Et vous m'excuserez, messieurs, si je me permets de mêler mes propres impressions aux leurs. Le siége consommé, la ville rendue, j'ai traversé la Suisse. Poursuivi, comme par un cauchemar, par l'image de cette noble cité de Strasbourg que j'avais laissée remplie de baïonnettes prussiennes, j'ai trouvé le premier adoucissement à mes souffrances morales dans l'affectueux accueil d'une famille génevoise que la discrétion me défend de nommer. Elle ne me connaissait pas ; mais, dès que j'eus décliné mon titre de professeur à la Faculté des lettres de Strasbourg, je cessai de lui être étranger pour devenir son hôte et son ami.

La Suisse était comme un paradis sur terre où les rigueurs du général de Werder ne laissaient arriver qu'un nombre relativement peu considérable d'élus. D'ailleurs bien des femmes, des mères et des sœurs ne voulaient pas se séparer de leurs maris, de leurs fils, de leurs frères et étaient résolues à partager tous les dangers, toutes les souffrances de la crise qui s'aggravait.

Déjà les approvisionnements diminuaient sans s'épuiser; depuis plus de quinze jours on ne vivait plus que de cheval. Le lait manquait presque absolument. Cette privation était meurtrière pour les vieillards, surtout pour les enfants en bas-âge, que leurs mères, impuissantes à les secourir, voyaient périr de faim sur leur sein desséché. Le nombre des victimes civiles du bombardement augmentait rapidement; celui des morts allait être bientôt de 400; celui des blessés, de 16-1700. L'air des ambulances devenait de plus en plus malsain. Les amputés ne guérissaient plus. En même temps, l'inondation qui couvrait l'un des fronts de la place, baissait sensiblement. Les Prussiens avaient réussi à détourner les eaux de l'Ill dans un des bras du Rhin; ils approchaient de plus en plus; leur audace croissait avec l'espoir du succès. Dans la nuit du 25-26 septembre, toute la population fut tenue en haleine par le bruit d'une épouvantable fusillade. Les balles sifflaient au-dessus de nos têtes, même dans le centre de la ville.

L'on sentait approcher le dénouement; néanmoins ce fut avec autant de surprise que de douleur que l'on vit, le mardi soir 27, flotter le drapeau blanc au sommet d'une des tourelles de la cathédrale. Le feu de l'attaque et de la défense, qui avait été très-vif toute la journée, cessa tout d'un coup. Aussitôt on sortit, on s'interrogea. Les uns disaient que c'était le signal d'un armistice et que cet armistice n'était que le préambule d'une paix définitive; les autres, mieux informés, osaient à peine dissiper cette dernière illusion.

Pendant la soirée, la ville fut en proie à une agitation fiévreuse. Des protestations généreuses, mais désormais inopportunes, répandirent dans les rues, surtout aux abords de la cathédrale, une émotion que le bon sens public empêcha de dégénérer en désordre.

La capitulation de Strasbourg a été déjà, comme tous les grands événements, l'objet d'appréciations dont la diversité a semblé sur le point de dégénérer en une polémique haineuse. Je ne prétends pas la juger; je n'en ai ni le poûvoir, ni le droit; je ne suis pas militaire, je ne puis apporter ici que de simples impressions. J'ai, de bien des côtés différents, entendu dire que la ville pouvait tenir au plus trois ou quatre jours encore, mais il fallait courir les chances d'un assaut; or l'on n'avait que des forces insuffisantes pour arrêter sur la brèche les colonnes d'attaque d'une armée que les évaluations les plus modérées portaient à 80,000 hommes. La ville, emportée de vive force, était pillée, saccagée. Les habitants, les femmes, les enfants, étaient massacrés en foule, sinon livrés à des traitements pires que la mort. Le général Uhrich a mieux aimé sacrifier un peu de son auréole militaire qu'exposer à d'inutiles malheurs une population civile de plus de 80,000 âmes. Son nom sera béni de tous ceux chez lesquels le patriotisme se concilie avec l'humanité. Sa proclamation d'adieux Strasbourgeois est une belle page d'éloquence militaire. On n'y trouve pas de ces phrases dont l'esprit français se paie si volontiers et que l'esprit alsacien repousse absolument, pas de mots de six pieds, mais de véritables élans du cœur qui réfutent suffisamment des calomnies trop grossières pour mériter ici seulement une allusion.

Il y avait dans ces éloquentes paroles, qu'on lisait avec une émotion respectueuse, un baume et un cordial pour les cœurs si cruellement blessés. Bien des courages que les dangers du bombardement avaient trouvés inébranlables dans leur fermeté, allaient faiblir à l'aspect de notre garnison qui sortait avec les honneurs de la guerre, mais prisonnière. Les soldats, en proie à une colère qui eût été plus digne si elle eût été plus contenue, brisaient leurs armes de rage. Tout le pavé des rues était jonché de débris de fusils et de sabres. Les officiers dominaient mieux leurs souffrances ; mais parfois la violence de leurs sentiments éclatait. J'ai vu un vieux capitaine de la mobile, dont la mâle physionomie annonçait un ancien militaire, tomber, en pleurant et en sanglotant, dans les bras d'un de ses jeunes amis.

Les derniers rangs de nos soldats n'étaient pas encore passés que nous entendîmes retentir une marche triomphale. C'étaient les Prussiens qui s'avançaient sur les talons de nos braves défenseurs et semblaient triompher de leur douleur : contraste brutal qu'une délicatesse tant soit peu humaine et chevaleresque aurait dû leur interdire. C'en était trop : je rentrai précipitamment pour fuir l'aspect odieux de nos vainqueurs : on les évitait partout; partout on les rencontrait. Leurs tambours, leur musique, le commandement guttural et strident de leurs officiers semblaient partout nous poursuivre. Le soir venu, ils s'installaient en maîtres dans les maisons; mettant dans leurs exactions une progression froidement calculée ; ils ne s'étaient pas encore avisés d'exiger par homme cinq bons cigares, deux litres de vin et le pain quotidien sous la forme de trois repas copieux; mais s'ils n'exerçaient pas encore de vexations, leur seule présence était une vexation. En foule, on cherchait à quitter une ville où l'on n'avait plus pour le moment de devoirs à remplir ; nous formâmes une petite colonie d'émigrants universitaires et traversâmes en fugitifs la terre ennemie du grand-duché de Bade. Le train qui nous amenait à Bâle fut arrêté à plusieurs lieues de cette ville : un trop grand nombre de Français y étaient embarqués ; on voulait leur cacher les mouvements de troupes allemandes qui s'opéraient sur le Rhin, en face de Mulhouse. On nous retint toute l'après-midi dans une obscure station. La nuit arrivée, avec deux officiers français renvoyés prisonniers sur parole, nous montâmes sur une charrette de paysans qui, à 11 heures du soir, nous amena sur le sol libre et hospitalier de la Suisse.

Messieurs, j'ai vécu quarante jours sous les obus de

l'ennemi et deux jours seulement sous sa domination ; et ce ne sont pas ces deux jours qui m'ont laissé les moins amers souvenirs. Oh! les instincts du patriotisme qui ont inspiré le cri tant de fois répété : « Vivre libre ou mourir, » ne sont pas trompeurs. Cesser d'être libres, c'est aussi mourir, mais mourir lentement, peu à peu, mourir d'une mort pire, mourir dans tout ce qui fait la sécurité, l'honneur, la dignité, le bonheur de la vie!

Entre le moment où le drapeau blanc fut hissé sur la cathédrale et celui où les premières colonnes de l'ennemi entrèrent dans la place, s'écoulèrent quelques heures de trêve ; les habitants se répandirent sur les remparts et vinrent contempler, dans les faubourgs, les abominables ravages faits par le feu de l'ennemi. En présence de cette désolation, une pensée s'imposait à l'esprit, et l'on ne pouvait s'empêcher de songer à tout le bien que l'on aurait pu faire avec tout le mal que l'on avait fait.

Strasbourg avait, sur les ruines de ses maisons incendiées, le droit de se livrer à ces mélancoliques réflexions : nous ici, nous ne l'avons pas encore ; il ne nous est pas encore permis de considérer la guerre comme un fléau : elle est pour nous un devoir inexorable et sacré.

La France le remplira sans défaillances ; elle ne regardera pas dans le passé. La crise qu'elle traverse n'a pas de précédents dans son histoire. Si l'ennemi est arrêté, aux portes de Paris, par une résistance dont l'héroïsme vainqueur commence à déconcerter ses présomptueuses espérances, il a osé pénétrer dans Orléans, et ses uhlans ont caracolé devant la statue de Jeanne d'Arc. Les dangers qui nous menacent ne sauraient être comparés à ceux que la Convention eut à conjurer ; ne demandons pas le salut aux traditions souvent mal connues ou défigurées de cette assemblée célèbre ; ne le cherchons pas dans un plagiat vulgaire ; ne nous inspirons que des périls de cette crise et élevons notre dévouement à la hauteur de ces périls mêmes. Aux attaques de l'ennemi n'opposons pas de vaines déclamations, mais des vertus.

On a dit : « Il faut vaincre ou mourir. » Je voudrais changer ce cri de désespoir en un cri d'espérance et dire : « Il faut vaincre et vivre ! »

L'espérance est une joie, lorsque les événements semblent la favoriser ; — elle devient une vertu, lorsqu'elle est un démenti à la mauvaise fortune.

Nous pouvons, nous devons espérer. Espérons précisément en raison de l'étendue et de la gravité des malheurs qui nous frappent. Ces malheurs ont une fin providentielle ; ils ont le caractère de ces grandes tribulations d'où les nations sortent retrempées et régénérées.

Qui dit expiation dit régénération et vie nouvelle. Or, en ces moments de trouble et d'angoisse, la France expie les désordres moraux d'une civilisation sceptique, matérialiste, épicurienne, qui tournait en dérision les choses les plus pures et les plus saintes, raillait Dieu et la famille et ne voyait que de grands mots là où il fallait reconnaître et respecter de grandes vertus.

Les souffrances que nous endurons étaient nécessaires

au salut de notre pays ; qu'elle soient le gage de nos espérances. Déjà elles ont renouvelé notre patriotisme, en le retrempant à la source des grands dévouements. Elles ont donné ou vont bientôt donner au génie français ce caractère sérieux et grave qui convient aux résolutions d'un grand peuple en détresse. Nous l'avons senti : l'heure des exaltations fiévreuses, des enthousiasmes de parole est passée ; nous sommes en présence de grands devoirs que nous ne pouvons remplir qu'en nous pénétrant de cet esprit d'ordre, de règles de discipline qui est le véritable esprit des nations libres.

La conscience morale et politique de la France s'était engourdie : elle se ranime aujourd'hui ; or, la conscience d'un peuple, c'est le foyer même de sa vie. Quand viendra l'heure des jugements de l'histoire, la France envahie et désolée paraîtra plus grande dans son malheur que sous l'éclat trompeur d'une prospérité fatale. Qu'elle sache seulement exorciser le démon de l'anarchie et des discordes civiles, et elle réalisera des conquêtes qui valent bien celles d'une forteresse et même d'une province.

Sans doute, messieurs, il serait téméraire de prétendre deviner l'avenir ; mais on peut l'affirmer, notre noble et malheureux pays n'aura point à envier à l'Allemagne les destinées que son aveuglement lui prépare. L'Allemagne atteint ou semble atteindre la réalisation d'un rêve qu'elle a poursuivi avec toute l'obstination implacable des imaginations germaniques ; elle arrive à l'unité, mais c'est l'unité par la force, l'unité au profit du césarisme, l'unité au profit du despotisme militaire. Le *bonapartisme* passe le Rhin. L'Allemagne croit grandir; elle déchoit; car l'Allemagne des Hohenzollern et des Bismark est en décadence sur l'Allemagne des Klopstock, des Göthe, des Schiller, des Uhland, des Sébastien Bach, des Mozart, des Beethoven, des Kant, des Herder, des Niebuhr. Elle va commencer à ses dépens l'expérience du régime qui nous a conduits aux bords de l'abîme; elle veut étendre ses frontières matérielles; elle restreint la sphère d'action du génie allemand, elle ressuscite je ne sais quel machiavélisme cynique; elle réveille, en plein dix-neuvième siècle, l'esprit de guerre et de conquête; elle jette le trouble dans le concert des nations européennes et restera, devant l'histoire, responsable d'un long arrêt dans le progrès des idées et des mœurs.

L'homme qui la dirige a osé dire : « La force prime le droit... » Oui, mais le droit a ses revanches, et ses revanches seront aussi celles de notre pays. En les attendant, la France a pour elle la supériorité morale; elle sait déjà, par une amère expérience, ce que l'Allemagne ignore; elle apprend et apprendra de mieux en mieux tous les jours qu'il n'y a, dans les relations internationales comme dans les rapports civils, d'autre loi salutaire et féconde que la justice. Elle répète, avec une conviction de plus en plus profonde, cette parole éloquente d'un orateur célèbre : « De la justice, encore de la justice et toujours de la justice. » Elle donnait naguère le ton à l'Europe; elle est encore appelée à lui donner de grands exemples, si elle sait comprendre sa mission nouvelle, son apostolat de justice et de liberté. Aujourd'hui la Prusse représente la force masquée sous je ne sais quel mysticisme machiavélique; la France doit représenter la liberté armée pour la défense du droit.

Le soir de la canonnade de Valmy, un grand penseur qui appartenait encore plus à l'humanité qu'à l'Allemagne, Göthe, dit aux officiers prussiens qui l'entouraient et ne le comprirent pas : « Aujourd'hui commence une nouvelle ère du monde : vous pourrez dire que vous en avez vu l'avénement. » Messieurs et vous surtout nobles et vaillants jeunes gens, qui demain peut-être serez appelés à défendre votre pays sur les champs de bataille, vous voyez dans ces jours de douleur et de tristesse le commencement d'une ère nouvelle dans la vie de la France, et vous pourrez dire, avec une légitime fierté, que vous en avez vu, que vous en avez hâté l'avénement.

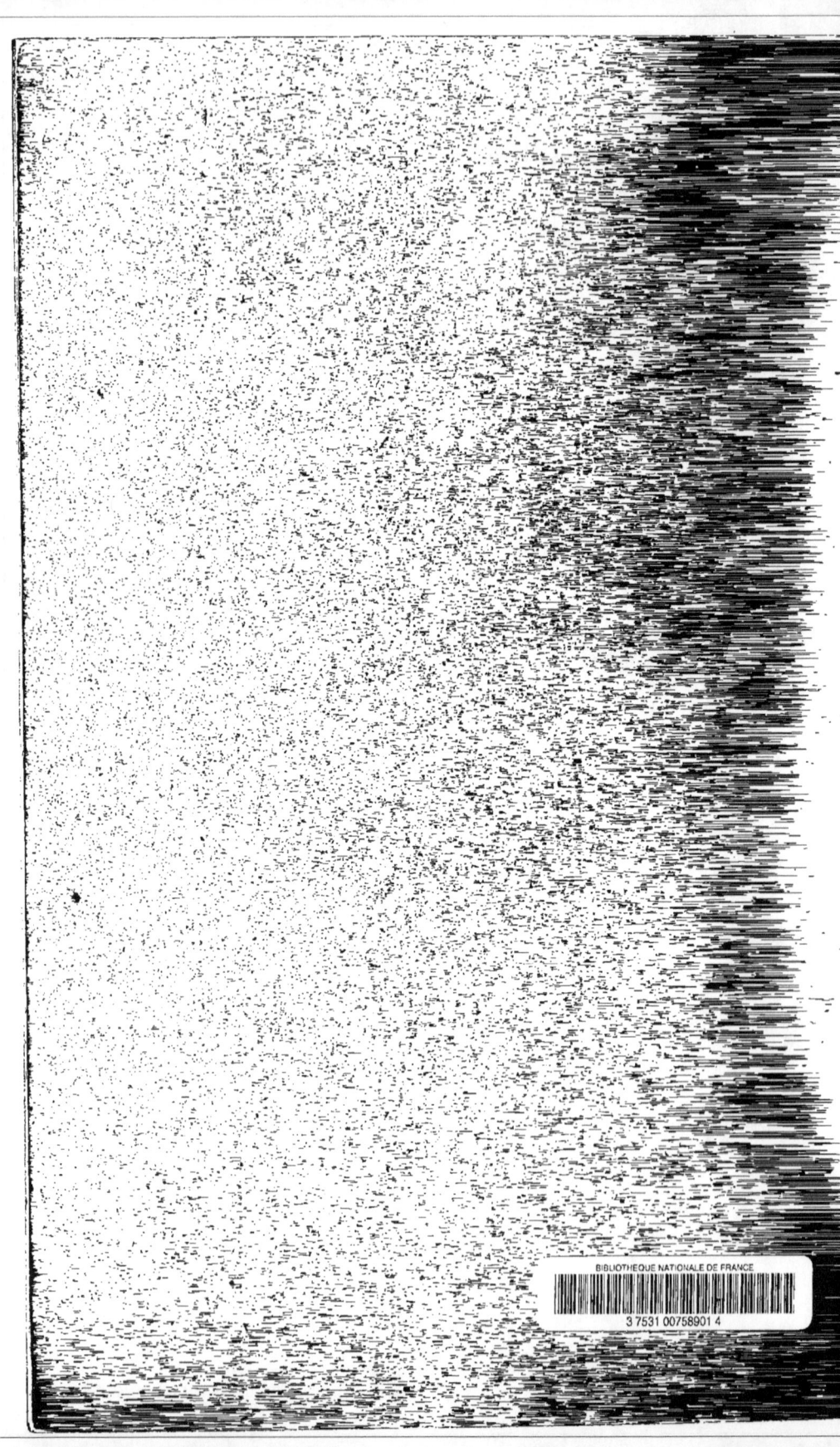

www.ingramcontent.com/pod-product-compliance
Lightning Source LLC
Chambersburg PA
CBHW061008050426
42453CB00009B/1329